AF258145

OBSERVATIONS

D'UN NÉGOCIANT,

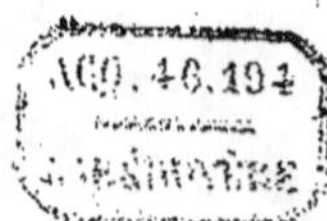

Sur le Décret du 24 Juin 1808.

Lᴇs malheurs de Saint-Domingue n'offrent aucun des cas fortuits qui, jusqu'ici, ont été supportés par les Débiteurs, en vertu de cet Axiôme de droit : *res perit Domino.*

Ces malheurs ne doivent leur existence cruelle, ni à ces accidens imprévus, ni à ces fléaux dévastateurs qui portent avec eux le ravage et la destruction, ni à une invasion ennemie, ni même à une révolte d'Esclaves, dans un Pays où l'Esclavage était établi.

On le répète; aucun des événemens connus jusqu'à cette Epoque, aucun de ceux qui pouvaient se supposer, quelle que fût leur invraisemblance, aucuns, sans exception, n'ont amené les désastres de Saint-Domingue.

Cette Colonie, comme toutes les autres parties de l'Em-

pire français, existait sous la protection des Lois conser-
vatrices des Personnes et des Propriétés.

Ces Lois avaient établi l'Esclavage, et ce régime était
celui de toutes les Colonies de l'Amérique. Elles avaient,
ces Lois, autorisé la vente et l'achat des Esclaves, et avaient
accordé au vendeur, tous les droits, tous les priviléges de
sa créance, comme à l'acheteur, la jouissance de sa Propriété.

Ces Lois, communes au Créancier et au Débiteur, étaient
la garantie de tous deux; c'est sous leur sauve-garde qu'ils
avaient contracté, et on n'a pu y porter atteinte sans les
frapper ensemble et du même coup : et c'est ce que fit la
Convention Nationale.

Par son Décret du 16 pluviôse an 2, elle abolit l'Esclavage; et par une conséquence nécessaire, elle frappa de
nullité, toutes les créances fondées sur des valeurs d'Esclaves,
parce que le créancier ne pouvait conserver le droit d'en
demander le prix, au moment où le Débiteur perdait le
droit d'exiger les services de l'Esclave. L'un et l'autre furent
évidemment attaqués dans l'essence du Contrat qui les liait.

L'Esclave ne s'est point soulevé pour conquérir sa liberté,
il en a été mis improvisément en possession, par la même
autorité souveraine qui avait créé sa servitude; et cette cir-
constance, aussi singulière qu'elle est inouïe, se détache de
toute prévoyance, et laisse ici, sans application, l'Axiôme
cité plus haut : *res perit Domino.*

Cependant, par la plus inconséquente des prétentions,
les Créanciers, pour valeur d'Esclaves, ne cessaient de pour-

suivre les Débiteurs ; et comme le Législateur en proclamant leur liberté, n'avait point dit expressément que tous les Contrats pour cause d'Esclavage étaient nuls, que cette nullité qui était nécessairement dans l'esprit de la Loi, n'était pas dans la Lettre ; les juges embarrassés par ce silence, ou hésitaient de prononcer, ou se croyaient obligés de suivre les Lois préexistantes.

Le Gouvernement enfin, mit un terme à ces incertitudes.

Par un Décret du 19 Fructidor an 10, il suspendit, durant cinq années, toutes poursuites contre les Débiteurs des Créances coloniales, et ensuite, par un autre Décret du 20 Juin 1807, il prorogea les dispositions du premier jusqu'à six mois après la Paix maritime.

Mais le Gouvernement, cédant sans doute au sentiment de compassion que quelques Créanciers malheureux ont pu lui inspirer, leur accorda, par un troisième Décret, du 24 Juin 1808, le droit de demander aux Débiteurs, une pension alimentaire, en *justifiant leur indigence*.

On est bien éloigné de vouloir combattre ici le sentiment de pitié que commandent l'infortune et le plus pressant besoin. Mais dans la comparaison de cette situation avec celle du Débiteur, le triste avantage du malheur ne reste pas au Créancier ; celui-ci n'a perdu que sa Créance, et le plus communément une simple portion. Il a pu ; il a dû même, se ménager des ressources, prises sur les paiemens qu'il a successivement reçus, il a enfin trouvé des secours ou des consolations, au sein d'une Famille qui n'a éprouvé que les événemens ordinaires de la vie.

Mais le malheureux Débiteur, poursuivi par tous les genres de maux, a tout perdu ; ses propres Capitaux, ceux de son créancier, tous les élémens de sa fortune, il a tout perdu ! même l'espérance ! et s'il tourne les yeux vers sa Famille, il y voit de moins une Epouse et des Enfans égorgés par les Esclaves mêmes dont on lui demande aujourd'hui le prix ! il vit enfin dans le désespoir d'une incurable douleur.

Si quelques débiteurs industrieux et servis par des circonstances heureuses, ont pu sortir de l'état de dénuement et de misère où les laissa le bouleversement de Saint-Domingue, ce n'est point aux dépens de leurs Créanciers qu'ils y sont parvenus, ce n'est pas encore par les jouissances dont leurs achats les avaient mis en possession ; non, ces jouissances qui, seules, devaient garantir à la fois, le capital et les intérêts, sont ensevelies pour jamais, peut-être, sous les cadavres amoncelés de leurs infortunés Cultivateurs !

On ne peut guère concevoir comment, dans cet état de choses, le Gouvernement appelle la partie la plus souffrante au secours de celle qui a le moins souffert. C'est, n'en doutons point, une surprise faite à sa compassion ; mais enfin si le Décret du 24 Juin 1808, doit être irrévocable, qu'il nous soit permis d'examiner les limites dans lesquelles l'autorité souveraine s'est elle-même renfermée.

Le Gouvernement a manifestement et sans aucune obscurité, fait connaître son intention miséricordieuse ; il veut soulager l'*indigent*. Ce n'est point ici une provision accordée au *titre* ; le *titre* n'en peut prétendre aucune ! le *droit* ne tire son origine et sa force aujourd'hui que de l'*indigence* ;

tout ce qui sort de ce cercle malheureux et profondément tracé, ne peut réclamer la *provision alimentaire*. C'est donc seulement l'*indigence dépourvue d'alimens* qui a le droit d'en demander (1).

Mais ce droit a ses limites : l'*indigence* doit être modeste; et nous dirons même qu'à quelque degré de fortune que pût être élevé le Débiteur auquel elle s'adresserait, ses prétentions sont, par le texte de la Loi, bornées à un Pain quotidien. Le Gouvernement en lui faisant un *titre* de son malheur, ne lui a pas donné le droit d'être exigeante; c'est une *pension alimentaire* qu'il lui accorde, et c'est dans ce cercle, dirons-nous encore, qu'elle est circonscrite; sans pouvoir s'avancer au delà.

Nous croyons cependant, qu'il eût été désirable, et pour arrêter l'exagération des demandes et l'indifférence de l'insensibilité, et encore pour prévenir les discussions et peutêtre même les inquisitions qui vont troubler la tranquillité des Familles, sur-tout enfin, pour éclairer et guider les Juges; nous croyons que le Gouvernement aurait dû fixer le *maximun* du prix qu'il attache à la concession d'une *provision alimentaire*.

Le Gouvernement dit bien que cette pension ne pourra

---

(1) Qu'on ne parle point de principes, les événemens ont placé Saint-Domingue en dehors de tous les principes. L'Esclavage des noirs était l'un des plus grands principes sur lequel reposassent la propriété des Colons et l'existence de la Colonie, lorsque l'Autorité souveraine a détruit l'Esclavage. Comment cette même Autorité pourrait-elle vouloir aujourd'hui qu'on se ralliât aux principes pour soumettre les Colons à des engagemens dont elle a brisé tous les liens.

excéder l'intérêt du Capital qui compose la créance, et qu'elle sera arbitrée dans cette limite, par les Tribunaux, d'après la position respective du Créancier et du Débiteur.

Mais cette limite échappe pour des Capitaux, dont l'intérêt représentatif pourrait excéder les bornes d'une *pension alimentaire*, et la limite n'est posée que pour les Capitaux dont l'intérêt n'atteindrait pas à cette pension. Le Gouvernement n'a point voulu, quelle que fût la situation des Débiteurs, que ces Capitaux pussent être taxés au delà de l'intérêt qu'ils représentent.

Les Capitaux supérieurs n'ont pour mesure régulatrice que la position respective du Créancier et du Débiteur.

Cette mesure vague et incertaine peut faire naître des discussions opiniâtres, scandaleuses, et dévoiler une impuissance cachée sous une bonne conduite et une économie bien ordonnée. Cette mesure peut encore embarrasser des Juges qui croiraient que l'élévation d'une créance indique les facultés d'un Débiteur, tandis que ce signe trompeur aurait besoin, par cela même, d'être fixé par des règles invariables !

Le Gouvernement a intelligiblement fait entendre sa volonté : *c'est une pension alimentaire au Créancier qui prouvera son indigence*, et il n'admettra point, sans les faire peser, ces preuves que la condescendance arrache à des certificateurs indifférens.

Il n'est pas difficile de tarifer les secours dont l'*indigence* a besoin ; s'ils s'élèvent plus haut, ils ne sont plus ceux que le Gouvernement a mis à la charge des Débiteurs.

On soulage l'*indigence* avec peu , parce qu'il faut peu à celui qui n'a rien ; et ne posséder rien est le caractère de l'*indigence*.

Il n'est point d'*indigent* qu'une *pension alimentaire* de 1,000 francs ne rendît heureux ; et il n'en est point non plus qui ne la regardât comme le terme de ses vœux, s'il ne la considérait qu'en perspective ! Cette somme pourrait donc être la mesure du *maximum*, dont l'application serait abandonnée à la justice et à la conscience des juges, après s'être assurés que cette somme ne serait pas un trop pesant fardeau pour le Débiteur, et que *l'état, l'existence et la manière d'exister du créancier* lui donneraient véritablement le droit de prétendre à toute sa plénitude.

Eh ! que peut-on demander de plus à des hommes qui ne doivent rien ; ou plutôt encore, que peut-on même leur demander ? Quelques égards que méritent d'ailleurs tous les Débiteurs coloniaux, nous ne parlons ici que de ceux qui doivent pour achats d'esclaves ; toutes les conventions qui subsistaient entr'eux et leurs Vendeurs, celles mêmes résultantes des ventes d'habitations, ne sont-elles pas détruites par la Loi qui, ayant prononcé ces trois mots destructeurs des Colonies, *Liberté des Noirs*, a frappé les terres d'une complète stérilité ? Nous le dirons sans crainte d'être contredits ; si le malheur fut toujours respectable, quels hommes ont acquis cette triste distinction par plus de sang et de sacrifices cruels ?

Le même pouvoir qui a dit au Clergé de France, *vous ne posséderez plus*, a dit encore, et d'une voix plus forte, aux Vendeurs et Acheteurs d'Esclaves, *vous ne posséderez plus*, *vous aussi !* Vos propriétés s'anéantissent devant le grand principe de l'inaliénabilité de la Liberté de l'Homme; mais plus sûrement et plus irrévocablement encore, devant ma volonté souveraine ! et l'aliénataire de l'Esclave n'a pas plus de droit de dire, *payez-moi ma Créance*, que le Clergé français, *payez-moi mes Biens*. Les uns et les autres ont été terrassés par la force irrésistible de la Loi !

Comment se fait-il donc que dans deux actes de dépossession qui se rapprochent absolument par la forme, l'une de ces dépossessions n'ait pu faire entendre aucune réclamation, tandis que l'aliénataire colonial n'a cessé d'en fatiguer les Tribunaux et le Gouvernement lui-même.

Il y a certainement ici une contradiction qu'on ne peut expliquer qu'en admettant que tous les torts auraient été du côté de l'Acheteur, et qu'il doit, par cela même, rester en butte aux traits de son aliénataire.

Mais s'il fallait sérieusement remonter à la source des torts, ils appartiendraient constamment au Vendeur d'Esclaves, qui le premier a provoqué la transaction, et enfin la Loi qui a proscrit, comme crime de lèse-Humanité, la propriété transmise, n'a pu conserver ce prix de sang dans les mains du contractant le plus coupable.

Le Gouvernement n'a sans doute conservé dans son Décret, les dénominations de *Créanciers*, de *Débiteurs*, *d'intérêts de Créances*, du moins quant aux Créances provenant de vente de Noirs, que pour les classifier et distinguer le demandeur et le débiteur imposés à la *pension alimentaire;* peut-être même que transporté par de grands souvenirs dans ces tems heureux ou par l'influence d'un régime seul convenable, Saint-Domingue étonnait par l'étendue, la variété et la richesse de ses productions; il a considéré cette Colonie et ses infortunés Propriétaires comme rendus à ce même état de prospérité. Si ces Propriétaires peuvent jamais être appelés à quelques sacrifices, ce sera alors, mais seulement alors, jusqu'à ce moment les Acheteurs de Noirs ne peuvent rien devoir, puisqu'ils sont dépossédés par la Loi, et qu'une Loi postérieure ne peut ordonner ce que la première a défendu, sans ramener les choses au point où les avait prises la Loi de prohibition !

Mais le bonheur de tous a une garantie bien plus sacrée dans la justice et la bonté de Sa Majesté et dans la sagesse de ses Ministres.

ADDITION

AUX OBSERVATIONS D'UN NÉGOCIANT,

SUR LE DÉCRET DU 24 JUIN 1808.

La position de la plus grande partie des Débiteurs de créances de Saint-Domingue, pour achats d'Habitations et de Noirs, est tellement déplorable, leurs Créanciers si exigeans, leurs moyens de subsistance si bornés, qu'on voudra bien nous permettre de plaider encore cette cause intéressante.

Dans les *Observations* qui déjà ont été produites, ces infortunés Débiteurs ne se sont présentés que comme des Hommes qui imploraient, s'il faut ainsi dire, une *justice de miséricorde*; et sans cesser d'être moins humbles, car le malheur est toujours suppliant, ils demandent aujourd'hui leur part de cette *justice distributive*, à laquelle tous ont le droit de prétendre; et ils s'enhardissent ici, et avec confiance, à appeler d'un Gouvernement anarchique, à un Gouvernement réparateur.

Un abus inconcevable d'autorité, un excès révolutionnaire,

qui prend ici une grande importance, et donne au plus grand nombre de Propriétaires de Saint-Domingue, le droit incontestable de prétendre à une restitution, c'est le *séquestre* indéfiniment et arbitrairement prolongé sur leurs Habitations, et cela malgré la production légale de toutes les pièces justificatives de non émigration, et nous le dirons encore, malgré la présence du Propriétaire qui n'était pas même l'ombre de son corps aux yeux des coupables détenteurs de ses biens !

On sait que le Gouvernement d'alors décréta *en principe de refus*, de ne point restituer les fruits des Propriétés injustement séquestrées; mais du moins, en France, ces Propriétés étaient rendues aussitôt que les Propriétaires prouvaient qu'ils avaient été faussement placés sur la liste des émigrés. La Loi commandait la restitution, et elle était obéie. Ainsi les jouissances perdues pour les Propriétaires se réduisaient à la durée du tems nécessaire à recueillir et produire leurs preuves.

Mais à Saint-Domingue, on a résisté opiniâtrement à toutes les démonstrations, et cette violation de la Loi a opprimé des Hommes déjà trop malheureux, de rigueurs révolutionnaires que n'ont point supporté les Propriétaires de France !

Au récit de cette injustice, on pourrait en accuser des Esclaves, reprenant sur leurs maîtres l'autorité que ceux-ci n'ont plus. Non, elles sont, ces rigueurs, l'ouvrage des représentans du Gouvernement qui sait bien, par plus d'un exemple, quelles vexations ont été commises par ses propres agens, qui, se trouvant à perte de vue de l'autorité suprême, ont considéré Saint-Domingue comme pays conquis, et leurs habitans comme des ennemis qu'il fallait dépouiller! Aussi de toutes les victimes de la révolution, il n'en est point de plus continûment infortunées, que les Planteurs de Saint-Domingue ; et cependant c'est encore eux que le dernier décret livrerait à la merci de leurs Créanciers, si le Gouvernement ne fixait pas le *maximum* de la pension alimentaire, dont aujourd'hui on veut charger leur indigence.

Les excès commis contre les Propriétaires de Saint-Domingue, demandent une justice particulière, qui ne peut se confondre avec celle qui a été adoptée pour les Propriétaires de France. Si les espèces se ressemblent par leur nature, elles diffèrent par l'exécution des décrets. C'est véritablement un *hors la Loi* qu'on a excercé contre les Propriétaires Colons, et ils ne l'avaient pas plus encouru que les délégués de l'autorité suprême n'ont eu le droit de les y soumettre.

Tous les fruits d'Habitations retenus, malgré les preuves qui commandaient la levée des séquestres, sont une usurpation qui ne peut être autorisée par un Gouvernement paternel.

Si l'on pouvait s'arrêter à de froids calculs quand il s'agit d'être juste, on objecterait *que les habitations n'ont donné au Trésor public que les plus faibles produits, parce qu'elles ont été livrées à des fermages collusoires, ou à des administrations aussi vicieuses qu'infidèles*, etc.

A ces objections, les Propriétaires dépouillés répondraient, que ce n'est pas le produit entré dans le Trésor public dont on doit faire le compte, mais de la somme de leur spoliation.

Et en s'arrêtant ici aux Habitations séquestrées injustement sur des Propriétaires non émigrés , en retranchant ce que la mauvaise foi a mis à l'écart, on restera au dessous de la vérité en portant à trois millions de France ce qui est entré dans les caisses publiques, du produit de ces séquestres injustes et ruineux.

Ces valeurs pourraient être converties au *tiers-consolidé*, au profit des Créanciers, et fournir ainsi avec certitude la pension alimentaire, que ne leur assurera jamais que d'une manière imparfaite et douteuse, le décret qui leur a été accordé; et on observera encore qu'une seule volonté du Souverain peut sans retard mettre cette pension dans les mains des Créanciers, et qu'elle leur sera longtems disputée par des Hommes impuissans à la payer, et qui ont la conscience de ne la devoir pas.

Ce serait donc un intérêt de 150 mille francs qu'il en coûterait au Gouvernement, pour s'acquitter par un grand acte de jutice. Mais comme la plupart des Créanciers et des Débiteurs que cet acte intéressait sont déjà assistés par le Gouvernement, cette assistance s'éteindrait par le paiement d'un intérêt qui en tiendrait lieu, et l'intérêt lui-même s'anéantirait, ou du moins s'adoucirait par l'interruption de l'assistance.

Si des vues aussi justes rencontraient des obstacles qu'on n'a pu prévoir, il n'en résulte pas moins que les Propriétaires dont les Habitations ont été indûment détenues sous le séquestre, ne peuvent point être confondues dans la classe de ceux qui puissent devoir, et à qui l'on puisse demander une pension alimentaire, puisque le Gouvernement tient dans ses mains, soit la valeur entiére, soit la valeur partielle de leur libération.

Si cet objet de leur acquittement n'eût point été altéré par la négligence ou l'infidélité, il n'est aucun Propriétaire qui ne trouvât, dans les longues jouissances d'un séquestre injustement prolongé, les moyens de son entiére libération, en ne demandant au Gouvernement que ce qu'il ne devait point recevoir : il verra dans sa Religion, qu'on se renferme ici dans la plus rigoureuse justice.

Enfin, en résumant ici les premiéres observations et cette addition, le Gouvernement sera supplié de considérer que les pensions alimentaires prises sur les chétives ressources des Débiteurs, leur enlèveront les moyens de rétablir leurs possessions dans une Colonie, sur la restauration de laquelle repose essentiellement la prospérité de la France.

HACQUART, Imprimeur de la Chambre des Députés et des Tribunaux, rue Gît-le- Cœur, n° 8.

[illegible]

[illegible]